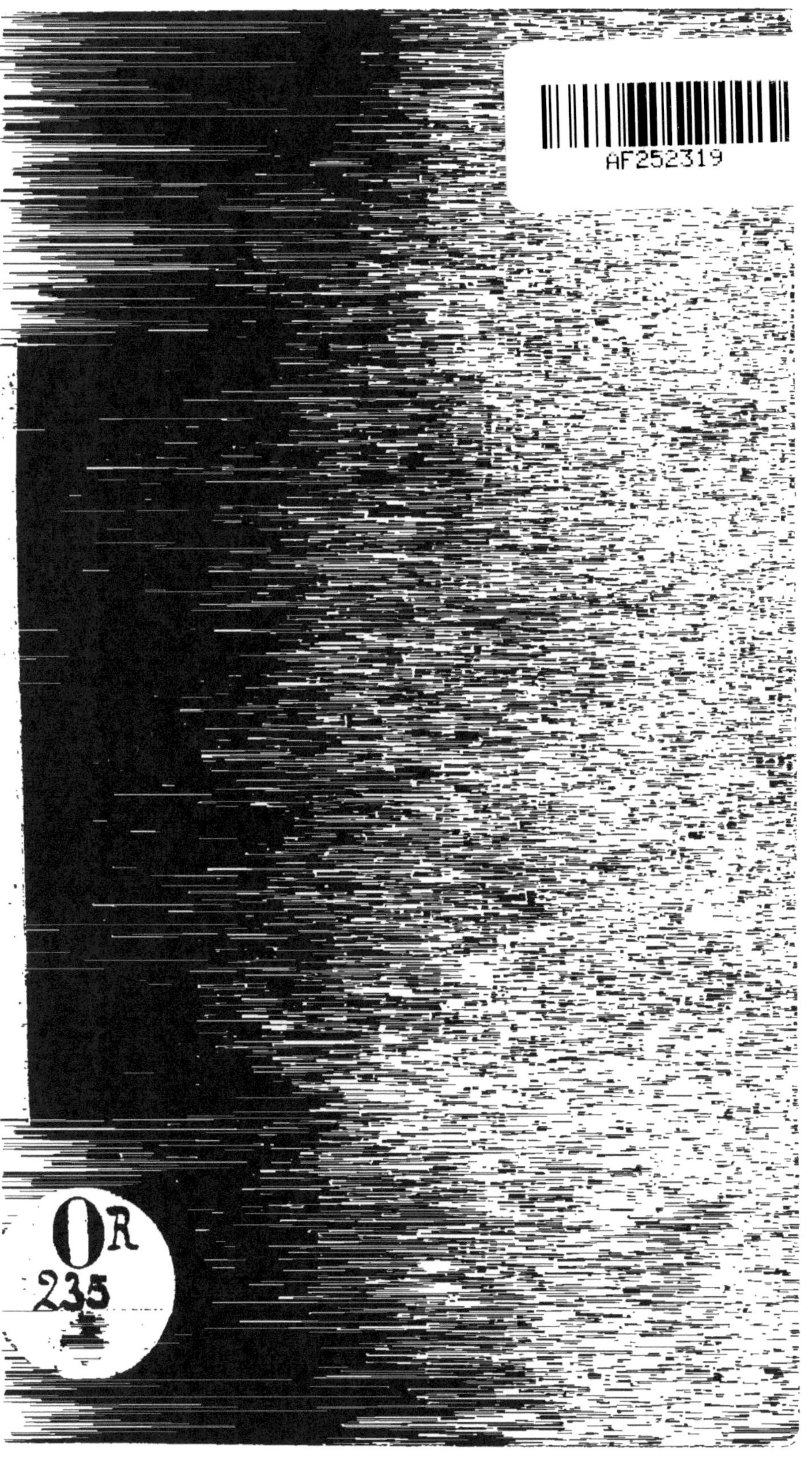
AF252319
OR
235

RÉFLÉXIONS

Sur l'attentat commis le 3 septembre 1758,
contre la vie du Roi de Portugal.

RÉFLEXIONS

*Sur l'attentat commis le 3 Septembre 1758
contre la vie du Roi de Portugal.*

SI l'Europe fut étonnée de l'attentat du 5 janvier 1757, contre la Personne du Roi; quel a dû être son étonnement en voyant la prompte répétition d'un pareil forfait sur la Personne de S. M. Portugaise ? On vante notre siecle par la douceur & la politesse des mœurs, & le voilà souillé dans l'espace de vingt mois par deux crimes de même genre, & deux crimes les plus atroces aux yeux de l'humanité, eu égard à toutes les circonstances. Les siecles précédens en ont vû de semblables; mais ils étoient séparés par de plus longs intervalles. Quelle peut-être la cause d'une différence si déshonorante pour notre tems ? Elle mérite bien d'être recherchée.

Je ne craindrai point de rappeller un événement qui consterna le Royaume, il y a deux ans. S'il est vrai, sous un certain rapport, qu'il devroit être enséveli dans un éternel oubli, d'autres considérations obligent à perpétuer, autant qu'il est possible, l'horreur qu'inspirent dans les premiers mo-

A

mens de pareils crimes. C'eſt à quoi étoient deſtinés ces monumens qu'on élevoit autre-fois, & ſur leſquels on gravoit la mémoire des plus grands attentats. On croyoit que c'étoit un moyen de les rendre plus rares, ou plûtôt comme impoſſibles. Il n'y a en effet que les complices directs ou indirects de ces forfaits, ou ceux qui ſont aſſez mé-chans pour les répéter, qui aient intérêt qu'ils ſoient oubliés : ceux-là pour jouir de l'impunité qu'ils ne peuvent ſe promettre que des ténébres qui les couvrent ; ceux-ci afin que l'on ſoit moins en garde con-tre leur malice. Rappellons donc par né-ceſſité cet événement, dont le ſouvenir nous fait encore friſſonner, & que la bonté Divine a converti pour nous en un ſujet ſignalé d'actions de graces. Sa reſſemblance avec celui de Lisbonne, qui occupe aujour-d'hui tous les eſprits, exige qu'on les rap-proche.

Lorſque l'infâme Damiens porta ſon poignard parricide dans le ſein du Roi, on eut dès ce moment de juſtes ſoupçons qu'il l'avoit reçu de la main des Jéſuites. Une foule de préſomptions ſuggéroit & confir-moit cette penſée. On ſavoit qu'il y avoit parmi eux une tradition conſtante & uni-verſelle de doctrine, qui permet & qui fait même un mérite & un héroiſme de tuer les Rois, dès qu'ils deviennent des tyrans ;

& que pour acquérir cette qualité, il suffit qu'un Prince blesse l'intérêt des passions & le faux honneur de la Société. On savoit qu'ils étoient mécontens, depuis qu'ils ne disposoient plus des faveurs & des dignités Ecclésiastiques. On savoit qu'ils l'étoient plus encore, depuis que le Roi travaillant à rétablir dans ses Etats une paix qu'ils en avoient bannie, & à dissiper des troubles nécessaires à leur ambition, avoit déclaré que la Bulle *Unigenitus* n'avoit ni la dénomination, ni le caractere, ni les effets d'une regle de foi, & qu'elle n'en étoit pas même susceptible par sa nature. Qui ne voit combien de tels motifs étoient graves, pour fixer l'attention sur ces Peres !

Cependant, dans le Procès de ce parricide, qui a été donné au Public, on ne voit les Jésuites, ni convaincu de complicité, ni même mis en cause comme suspects. C'est ici un myftere. Si leur nom ne paroissoit en aucune façon dans la procédure, on pourroit croire qu'ils avoient échappé aux recherches, soit de la Police, soit des Juges; & qu'ils avoient été assez habiles pour couper le fil qui conduisoit de Damiens jusqu'à eux; qu'ils ont dû ainsi être réputés innocens; & qu'il n'y avoit pas plus de lieu à les mettre en cause, que les Sujets du Roi les plus fideles & les plus affectionnés. Mais combien de rapports

entre ces Peres & l'infâme Affaffin ne trou-
ve-t-on pas conftatés, même dans ce procès, fans parler des autres anecdotes qui n'y
font pas mentionnées? On y voit que les Jéfuites avoient été les premiers Maîtres de
Damiens; qu'ils étoient toujours fes protecteurs; que leurs Maifons lui fervoient
d'azile dans les intervalles de fes change-
mens de condition; que c'étoit chez eux
qu'il fe confeffoit, même dans les derniers
temps; qu'il avoit époufé leur doctrine fur
le meurtre des Rois; qu'il étoit finguliere-
ment animé d'un efprit de fanatifme contre
les prétendus Janféniftes, dans le cours de
fon voyage en Flandre, qui précéda immé-
diatement fon attentat. On remarque, dans
le même procès, plufieurs autres traits qui
retentiffent plus ou moins directement aux
Jéfuites. Combien de fois les Lecteurs, fe
livrant à une premiere impreffion, fe font-
ils demandé dans la lecture de ce Recueil:
Pourquoi n'a-t-on pas fuivi telle indication
& telle trace?

Cette omiffion feroit vraiement incon-
cevable, s'il n'étoit plus jufte & plus naturel de penfer que la négligence n'a été
qu'apparente; que les traces ont été fuivies
avec autant de zele que d'intelligence;
mais qu'on a eu des raifons pour dérober
cette marche au Public, & pour lui cacher
les découvertes qu'on avoit faites. Cette

réserve, au reste, loin d'innocenter ces Peres, milite plûtôt contre eux, & dit à qui veut l'entendre, qu'il faut qu'ils soient reconnus bien méchans, puisqu'on s'est cru indispensablement obligé d'en user à leur égard.

S'il est donc vrai que les Jésuites fussent coupables de l'attentat du 5 Janvier 1757, comme tant d'indices conduisent à le soup-çonner, la politique de notre gouvernement leur a épargné l'infâmie qui est attachée à la conviction publique, & le châtiment qui l'auroit suivie. Par-là ils étoient autorisés en quelque sorte à crier à la calomnie contre quiconque les eût accusés d'avoir été com-plices de ce forfait. Ils devoient, ce sem-ble, se ménager cet avantage ; & tout autre que des Jésuites l'eût fait. Mais la modéra-tion qu'il falloit s'imposer pour cela, n'est bonne que pour ces petits scélérats, qui tremblent en commettant le crime ; & qui se félicitant en secret d'avoir échappé une première fois au supplice, évitent de s'y exposer une seconde.

L'impunité n'a fait qu'enhardir les Jésui-tes. L'Italie, la France & le Portugal ont vû, dans l'espace de quelques mois, dispa-roître, par des morts tragiques & préci-pitées, des hommes de rang, qui ont eu le malheur d'être regardé par les Jésuites, comme ennemis de leur Société. Mais ces traits ne font rien par comparaifon à l'attentat commis contre le Roi de Portugal.

Ici fe réuniffent tous les caracteres d'une malice profonde. Ce n'eft plus feulement fur des fimples foupçons, fur des indices, fur des préfomptions de droit, qu'on parle de cette Compagnie. C'eft fur des preuves de fait, des preuves accumulées, des preuves juridiquement conftatées, & qui fervent de fondement à une fentence déja connue & admirée dans toute l'Europe.

Le jufte vangeur des crimes, qui dit de lui-même, dans les livres Saints : *La vangeance m'eft réfervée, & je l'exercerai dans le tems*, n'a pas voulu que ces Peres jouiffent plus long-tems du fruit de leur méchanceté. Il a permis qu'ils y miffent le comble par un nouveau forfait, & que ce dernier acquît enfin une notoriété propre à diffiper l'efpéce d'enforcellement qui captivoit encore tant d'efprits prévenus en leur faveur. Confidérons les circonftances de cet événement, en remontant jufqu'à fa caufe.

Les Jéfuites dominoient en fouverains depuis plus de cent ans fur un pays étendu & très-riche dans le Paraguay. Les habitans qu'ils avoient fçu s'affujettir, n'étoient proprement que des ferfs, à qui ces Peres donnoient le vivre & le vétement avec une épargne fordide ; pendant qu'ils s'approprioient tout le fruit du travail de ces malheureux. Ce pays appartenoit à la Couronne d'Espagne. Mais ces Peres avoient eu l'adresse de le souftraire & de se souftraire eux-mêmes à l'inspection & à l'exercice de l'autorité royale.

Un Traité de partage, survenu entre les Cours de Madrid & de Lisbonne, a fait tomber dans le lot du Roi de Portugal, ce pays si cher & si précieux à la Société. Delà les efforts d'abord pour faire révoquer ce Traité de partage, puis pour en empêcher l'exécution. On sait qu'après avoir épuisé leurs talens, pour persuader séparément à chacune des deux Cours qu'elle perdoit à l'échange, ils ont été jusqu'à soutenir une guerre ouverte contre les deux Couronnes, & à susciter de grands troubles en Portugal. Le Roi, peu disposé à recevoir la loi, & trop ferme pour craindre ces Religieux, juge qu'il est plus juste & plus convenable à sa dignité de les soumettre à leur devoir. Il porte à Rome les plaintes les plus graves contre les Jésuites établis dans ses domaines, & obtient du Pape une Bulle de réformation, qui devient un coup de foudre pour la Société entiere.

Le premier effet de cette Bulle est une Ordonnance publiée par le Cardinal Réformateur, qui déclare les Jésuites du Portugal coupables d'un trafic honteux, dont il spécifie toutes les branches , & qu'il leur interdit pour toujours.

Dans ces circonstances Benoît XIV meurt , & Clément XIII est élevé sur le S. Siége. Dès les premiers jours de son Pontificat , le Général des Jésuites présente à ce Pape un Mémoire dont le but est visiblement d'obtenir que la Bulle de réformation soit révoquée , ou du moins suspendue. Clément XIII écarte une demande si déplacée , & par-là autorise cette réformation desespérante pour la Société. C'étoit le 31 juillet que le Mémoire fut présenté au Pape , & c'est le 3 de septembre suivant que le Roi de Portugal est assassiné. L'intervalle de temps qui sépare ces deux dates , se trouve avoir une juste proportion avec la distance des lieux qui sépare Rome de Lisbonne.

Pour sentir davantage cette liaison, il faut se rappeller que, dans ce Mémoire, qui a été imprimé à Paris l'automne derniere, le Général des Jésuites annonçoit au Pape que cette réformation , si le plan en étoit suivi , occasionneroit de grands troubles , *sur-tout* dans les pays d'outre-mer. On observa dans le temps la signification de ce mot *sur-tout*. C'étoit dire qu'on comptoit exciter de grands troubles dans le Portugal , mais qu'on feroit encore pis en Amérique. L'événement n'a que trop

& trop tôt juſtifié la premiere partie de la menace.

Il eſt vrai que le Général de la Société parloit à coup ſûr. Il eſt aiſé de prédire ce qu'on eſt réſolu de faire par ſoi-même ou par ſes ſuppôts. Ce Général ſavoit les ordres qu'il avoit donnés auparavant. C'étoit lui qui avoit envoyé ce P. Malagrida, Jéſuite Italien, devenu ſi fameux par la ſentence de Lisbonne. Il n'ignoroit pas ſans doute, quels avoient été les premiers ſuccès de la miſſion de cet Apôtre auprès de la Marquiſe de Tavora, & par elle dans toute ſa famille. Il étoit informé que tout étoit prêt & qu'il n'avoit qu'à donner le ſignal pour faire éclater la conſpiration. La menace portée devant Clément XIII, étoit le dernier effort de la patience Jéſuitique, & comme la derniere monition que la Société faiſoit indirectement au Roi de Portugal. Mépriſer cette menace, c'étoit annoncer qu'on ne craignoit plus la Société. Que lui reſtoit-il à faire, que de frapper les grands coups ?

C'étoit le Roi de Portugal qui avoit entrepris de dépouiller les Jéſuites de cette ſouveraineté qu'ils avoient uſurpée dans le Paraguay ; ſouveraineté qui leur étoit plus chere que la prunelle de l'œil. C'étoit ce Monarque qui avoit demandé & obtenu la Bulle de réformation ſur laquelle étoit fon-

dée la procédure entamée à Lisbonne contre ces Peres. C'étoit ce Prince qui en
poursuivoit l'exécution. C'est donc lui qui
doit être la victime du ressentiment de la
Société.

Mais par quels moyens prépare-t-on le
succès d'un projet si diabolique ? On com-
mence, comme autrefois Absalon, par
s'attacher tous les mécontens de la Cour.
Pour gagner la confiance, on écoute avec
un air d'équité leurs plaintes. En y applau-
dissant, on les aigrit ; & à ces premieres
insinuations on fait succéder de flatteuses
espérances. Le Duc d'Aveiro, précédem-
ment ennemi déclaré des Jésuites, devient
leur ami, par la seule haine qu'un mécon-
tentement injuste lui inspire contre son
Souverain. La même haine le reconcilie
avec la Marquise de Tavora, & les Jésuites
font les médiateurs de cette funeste récon-
ciliation. Des exercices fastueux de dévo-
tion servent de voile au complot formé
contre la vie du Prince. Pour accroître le
nombre des conjurés, & donner à la confpiration toute l'étendue qui lui est nécessaire, la Marquise de Tavora, instruite par
Malagrida son directeur, attire ceux qu'elle
veut séduire, à de prétendues retraites spi-
rituelles, à des conférences de piété, où à
la place de l'Evangile de J. C. qui ne prê-
che que charité, paix, support, amour des

ennemis, soumiſſion pour les Princes, même injuſtes, même infideles, les Jéſuites donnent des leçons, non ſeulement de révolte & de ſédition, mais encore de meurtre & de ſang. C'eſt dans ces retraites que, pour raſſurer ceux que le crime projetté pouvoit intimider, ces Peres décident avec autorité *qu'il n'y a pas même de péché véniel à tuer le Roi.* La déciſion eſt prononcée, ou du moins autoriſée par Malagrida, ce ſaint Jéſuite, cet homme ſi recommandable par ſes auſtérités & par ſes pieux exercices; cet homme à révélations, mais dont la ſainteté, tant célébrée par ſes confreres & par ſes dévotes, n'étoit deſtinée, ainſi que l'eſprit prétendu prophétique qui l'inſpiroit, qu'à donner plus de poids à la conjuration.

Je n'inſiſte point ſur l'abus ſacrilege que ces Peres font ici de la Religion, de ſes pratiques reſpectables, du crédit qu'elle donne ſur l'eſprit des fideles à ceux de ſes Miniſtres qui ſe diſtinguent par une vie auſtere & mortifiée, qu'on n'a garde de ſoupçonner d'hypocriſie; crédit qui n'a aucunes bornes, ſi à cette réputation de ſainteté, on ajoute celle d'avoir des communications intimes avec le Ciel. Je m'arrête ſeulement à la déciſion qu'on vient de lire, & qui ſeule caractériſe les Jéſuites.

Les ſcélérats du commun ſe contentent

de commettre les crimes que leur avarice &
leur cruauté leur infpirent. Mais ils ne décident pas de fang-froid que les vols & les
meurtres auxquels ils fe portent, foient des
actions innocentes. Leur paffion les em-
porte & étouffe la voix de la confcience,
qui réclameroit contre leur méchanceté.
Combien plus noire & plus profonde eft
la malice de gens qui déliberent tranquillement & à loifir fur un meurtre à commettre;
qui fe prévalant du titre de Cafuiftes, que
leur donne leur habit & leur profeffion,
décident que ce meurtre eft légitime, diffi-
pent par cette décifion les remords des
complices vacillans, & fubjuguent, par une
méchanceté plus réfléchie & plus détermi-
née, la méchanceté plus timide de ceux
qu'ils ont affociés à leur crime? Mais quel
doit être l'excès de cette malice, quand
la déliberation & la décifion regardent, non
la vie d'un particulier, mais celle du Souverain: quand il s'agit de la facrifier, non à
à un intérêt public, réel ou prétendu; ce
qui laifferoit encore au projet un degré
d'énormité qui fait horreur; mais à l'intérêt privé de ceux qui prononcent la décifion? Il n'y a que des Jéfuites qui en fuffent
capables. Si la malice des Pharifiens jufti-
fioit en quelque forte, par comparaifon,
les rapines des Publicains, & les débauches
des femmes proftituées; je ne crains point

de dire que celle des Jéfuites, dans cet
événement, juftifie la fcélératefse des Car-
touche & de fes pareils.

Ces Peres ne font peut-être pas les feuls
qui aient mis en thèfe qu'il eft quelquefois
permis de tuer les Rois ; mais ils font les
feuls qui n'ont jamais abandonné cette exécrable doctrine. Ils font les feuls qui l'aient
adoptée en corps. Ils font les feuls qui l'en-
feignent par une tradition perpétuelle, depuis plus de cent cinquante ans. Ils font les
feuls enfin qui l'aient prife pour regle de
leur conduite, & qui l'aient appliquée à
leurs propres intérêts. Eft-il furprenant
qu'ils ne s'en foient jamais départis, quand
on voit combien elle leur eft néceffaire ?
Quoi de plus commode que de croire pouvoir en confcience, & fans préjudice de
fon falut, exterminer tout ce qui nous eft
contraire, tremper fes mains dans le fang
même des Rois, armer contre eux des
affaffins, & calmer leurs remords, en les
affurant qu'*il n'y a pas même de péché véniel*
à commettre un crime auffi affreux ?

Mais ce n'étoit pas affez d'étouffer les
remords des conjurés : il falloit les foutenir
par l'efpérance d'échapper au fupplice, &
de recueillir même le fruit de leur crime.
C'eft à quoi fervirent les prédictions du P.
Malagrida. Ce féducteur hypocrite, qui
avoit l'impudence de faire le prophête,

annonça d'abord que le Roi ne vivroit pas long-tems ; & bien-tôt après, que ce Prince n'iroit pas au-delà du mois de septembre. Ses prédictions devenoient plus précises, à mesure que la conspiration faisoit du progrès. Il y voyoit le moyen infaillible de les vérifier. Et ces prédictions elles-mêmes, en assurant les conjurés du succès de leur attentat, les enhardissoient à l'exécuter.

Il leur restoit cependant de l'inquiétude sur les suites de l'événement, dans le cas même où le Roi tomberoit mort sous leurs coups. Le Duc d'Aveiro, qui avoit été flatté de l'espérance du Trône, & la famille de Tavora, qui avoit sans doute des prétentions proportionnées, entrevoyoient bien d'autres obstacles à surmonter. Le Prophête & ses confreres ne découvroient rien, ni dans l'avenir, ni dans leurs ressources, sur quoi ils pussent hasarder des prédictions qui rassurassent contre ces obstacles, ou du moins qui fussent aussi distinctes & aussi articulées que celle de la mort du Roi. Mais cette mort étoit le principal objet des vûes personnelles des Jésuites. Aussi comptoient-ils en profiter, quand même les autres conjurés ne parviendroient pas au terme de leur ambition. C'est pour écarter les soucis des conjurés à cet égard, & les tenir fixés néanmoins au projet d'assassiner leur Souverain, que les Jésuites les assurerent que dès que ce Prince seroit mort, *tout s'arrangeroit* : expression vague qui couvroit leur foiblesse, & peut-être le dessein secret d'abandonner les conjurés eux - mêmes, si l'effroi de cet événement troubloit assez la famille Royale pour l'asservir à la Société-

Cependant le mois désigné pour terme de la prédiction arrive. A peine est-il commencé, que la conspiration éclate. Remarquons d'abord avec quel secret, & par conséquent avec quelle adresse elle avoit été formée.

L'étendue & la variété des vûes des conjurés, avoient exigé qu'ils associassent à la conspiration un grand nombre de personnes, & sans doute de tout état & de tout sexe. Comment, sans cela, le Duc d'Aveiro pouvoit-il se flatter de monter sur le Trône ? Suffit-il de se défaire d'un Roi pour lui succéder ? Ne faut-il pas nécessairement que le Chef de la conjuration ait un parti tout formé, & un parti assez puissant pour le proclamer, pour le soutenir, & pour causer une révolution ? Il avoit donc fallu former ce parti, & confier à bien des gens le secret de la conjuration. Cependant aucun ne trahit ce secret. Aucun n'en laisse transpirer même imprudemment, comme il est arrivé tant de fois, ni indice, ni trace; & ceux qui se font chargés de l'exécution, ne rencontrent rien qui les arrête.

Voyons maintenant avec quel art les opérations de ces conjurés avoient été concertées.

L'histoire récente du malheureux Damiens avoit appris qu'il ne falloit pas s'en fier à un seul homme, & qu'un poignard pouvoit blesser sans tuer. Elle avoit appris également qu'un homme à pied qui manquoit son coup, ne pouvoit gueres s'évader. C'est pour parer à ces différens risques, que les assassins sont au nombre de onze, qu'ils sont à cheval, qu'ils s'arment plutôt de carabines que de poignards, & de carabines chargées, non à balle, mais à mitraille. La même prévoyance leur fait attendre le Roi, non dans une Cour de son Palais où il seroit environné de Gardes & de Courtisans, mais sur une route où il devoit passer seul avec un postillon. Par un surcroît de précaution, très-bien imaginé sans doute, mais peut-être sans exemple, ils se placent dans différentes embuscades, dans le seul chemin que le Roi peut suivre pour arriver à son Palais; afin que le coup, s'il étoit manqué par la premiere, fût réparé successivement par les suivantes. Qui pourroit nous dire par qui toutes ces précautions avoient été suggérées ? Elles supposent bien de la réflexion & du sang froid dans celui ou ceux qui les ont conçues & proposées.

Auroit-on

Auroit-on cru que le Roi pût échapper à un tel danger ? Que pouvoient faire de plus les conjurés, pour parer à tous les cas poſſibles ? Devoient-ils, pouvoient-ils même prévoir le moyen qui a ſauvé ce Monarque ? Tout le monde ſait aujourd'hui que ce moyen eſt la penſée ſinguliere & ſubite qui vint au Roi bleſſé, de ſe faire conduire chez ſon Chirurgien. Sa Majeſté, dit le *Jugement*, fit ſur le champ réflexion, que tous les pas qui l'approchoient de ſon Palais, l'éloignoient du Chirurgien major qui demeure à Junqueira ; & que la quantité de ſang qu'il perdoit, ne pouvoit lui donner le temps d'aller juſqu'à ſon Palais de Notre Dame de Ajuda, d'envoyer delà chercher le Chirurgien major à Junqueira, & de faire venir de ce lieu ce Chirurgien à ſon Palais. En conſéquence Sa Majeſté prit à l'inſtant la prodigieuſe réſolution d'ordonner à ſon poſtillon de tourner bride, & de la mener avec la plus grande diligence à la maiſon du Chirurgien major. Le Roi par cette diſpoſition évita ſans y penſer, les embuſcades ultérieures qui l'attendoient, & dans leſquelles il ne pouvoit manquer de périr.

La preuve que la démarche de revenir ſur ſes pas ne pouvoit ſe prévoir, c'eſt qu'elle n'a été devinée par perſonne, & qu'elle a ſurpris tous les Lecteurs, quand ils en ont vu le récit dans la fentence de Lisbonne. Etoit-il naturel en effet d'imaginer que le Roi, dans le cas où il auroit été manqué, eût dans le trouble d'autre empreffement & d'autre penfée, que d'arriver au plus vîte dans fon Palais, qu'il devoit regarder comme fon plus fûr afile ? Voudroit on que les conjurés euffent placé une premiere embufcade fur la route, avec ordre de laiffer paffer tranquillement le Roi, & de fe réferver pour le cas, où, après avoir été manqué, il retourneroit en arriere? L'événement a montré que cette précaution eût été néceffaire. Mais avant l'événement, je ne crains point de répéter qu'elle ne pouvoit pas fe deviner. Il n'appartient qu'à Dieu de tout prévoir, & il y a bien des fiecles qu'il eft écrit qu'*il n'y a ni fageffe, ni prudence, ni confeil contre le Seigneur.*

C'eft donc avec grande raifon que dans la fentence de Lisbonne, on attribue à Dieu & on regarde comme un miracle, l'infpiration fubite qu'eut le Roi de fe faire conduire chez fon Chirurgien : infpiration qui rendit inutiles les autres embufcades où il étoit attendu, & qui conferva ainfi une vie fi chere à fes Sujets, & fi odieufe aux Jéfuites. Ils avoient été affez méchans pour y attenter, affez impies pour faire fervir la Religion à ce déteftable projet, affez préfomptueux pour ofer en prédire le fuccès,

& fe donner pour Prophêtes. Mais Dieu s'eft plu à confondre en même temps leur malice, leur impieté, leur préfomption; & à les convaincre, d'un même coup, aux yeux de l'univers de fcélératefle dans leur conduite, & de fourberie dans leurs prophéties.

Après avoir vu jufqu'ici la profondeur de la malice de ces Peres dans les motifs qui leur ont infpiré cet attentat, dans les moyens par lefquels ils l'ont préparé, & dans l'art avec lequel ils en ont concerté les opérations; il refte à examiner fi ce crime n'eft imputable qu'aux Jéfuites Portugais, ou fi c'eft le crime de tout le Corps.

La queftion n'en fera pas une pour la plufpart des Lecteurs. La politique du gouvernement de la Société & la fubordination entiere qui y régne, font affez généralement connues en France, pour ne pas laiffer au gros de la Nation le moindre doute, qu'une entreprife de ce caractere ne foit l'ouvrage du Corps. Mais il refte çà & là aux Jéfuites quelques partifans qui, ne les connoiffant que par les dehors, ne peuvent fe déprendre de l'habitude où ils font de les eftimer. Ils réfiftent à la voix des événemens, par l'oppofition naturelle qu'ont les hommes à reconnoître qu'ils aient mal placé leur confiance & leur eftime. De-là leur pente à douter des faits les plus cer-

tains, dès qu'ils font défavorables à ces
Peres, ou à les regarder comme des actions
de particuliers, étrangeres au corps, &
qu'on ne peut lui imputer fans injuftice.

Ces préjugés en faveur des Jéfuites, &
cette inclination à les difculper, feroient
d'une moindre conféquence, s'il n'y avoit
que des perfonnes privées qui en fuffent
imbues. Mais on les trouve auffi dans des
perfonnes élevées à des poftes éminens,
qui fe rendent ainfi les protecteurs de la
Société, fouvent aux dépens d'innocens
qui ont le malheur d'avoir cette Société
pour ennemie; &, ce qui eft plus impor-
tant encore, contre l'intérêt preffant de
la Religion & de l'Etat.

Rien de plus propre affurément à dépré-
venir ces partifans de la fociété, que l'attentat commis contre la vie du Roi de
Portugal. Ils ne peuvent douter de l'événement. Ils ne peuvent le juftifier. Ils ne
douteront pas non plus que les Jéfuites
n'aient été les moteurs, les inftigateurs, les
directeurs de cette horrible confpiration.
La chofe eft prouvée par tous les actes de
la procédure, & conftatée par le Jugement
rendu contre les coupables. Il ne leur refte-
roit donc d'autre reffource, que d'imputer
l'attentat aux feuls Jéfuites de Lisbonne &
d'en décharger le Corps.

Pour diffiper cette prévention, il n'eft

pas nécessaire de rappeller ici les principes du gouvernement de la société ; l'autorité absolue & despotique du Général ; la dépendance entiere de tous les départemens, & même de tous les membres de cette compagnie ; la politique constante par laquelle le corps s'est toujours rendu le défenseur , l'apologiste & le protecteur de ceux des particuliers qui tomboient dans les plus mauvais cas ; pendant que de leur côté les particuliers se prêtent aveuglément à toutes les démarches que l'intérêt du corps exige , & dont le Conseil général donne l'ordre & le signal. Sans remonter à ces considérations, quelques certaines & quelques décisives qu'elles soient, il ne faut que peser quelques circonstances de l'événement de Lisbonne, pour être convaincu que c'est le corps de la société qui a conspiré contre la vie du Roi de Portugal , & qui a armé les assassins auteurs de l'attentat.

L'animosité conçue par les Jésuites contre ce Prince, est née de sa fermeté par rapport à l'exécution du traité de partage qui étoit conclu avec l'Espagne , pour les possessions respectives des deux Couronnes en Amérique , & qui enlevoit à ces Peres leur Paraguay. Elle s'est aigrie par les démarches de ce Prince auprès du S. Siége, par la Bulle de réformation qu'il en a obtenue , par l'Ordonnance du Cardinal

Réformateur , & par l'Interdit qu'avoit prononcé contre eux le Cardinal Patriarche. Elle eſt enfin montée à ſon comble, par l'inutilité de leurs inſtances auprès de Clément XIII. pour arrêter cette réformation ; d'où ils ont conclu que le crédit de la cour de Portugal l'emportant ſur le leur, ſous le nouveau Pontificat comme ſous le précédent , il falloit recourir aux derniers moyens. Voilà la cauſe qui a mis les Jéſuites à la tête de la conſpiration. Or , je le demande. La perte du Paraguai , la Bulle de réformation , le diſcrédit ſoutenu de la Société , même à la cour de Rome , n'intéreſſoient-ils que les Peres de Portugal ? N'eſt-il pas évident que jamais un plus grand intérêt n'a remué le corps de la Société ? La dépouiller d'une ſouveraineté auſſi flatteuſe qu'utile ; tarir la principale ſource de ſon commerce & de ſes immenſes richeſſes ; ſe préparer ainſi les voies pour lui enlever les autres , & en donner l'exemple à tous les Souverains ; manifeſter à toute l'Europe le trafic honteux qu'elle exerçoit , & le lui interdire ; renverſer enfin ſon crédit juſques dans la cour de Rome , c'étoit porter les coups les plus mortels à la Société entiere. Or , il n'eſt pas douteux qu'ils ne fuſſent tout autrement ſentis par les Chefs de la Compagnie , & par ſon Conſeil général, que par les Jésuites particuliers de Lisbonne. C'est donc un intérêt de corps & le plus vif de ses intérêts, qui a été la cause de l'attentat. Telle est la premiere circonstance qui prouve qu'il est l'ouvrage du Corps, & non de quelques particuliers.

La seconde circonstance qui le prouve, est le Mémoire présenté au Pape le 31 Juillet précédent. Ce Mémoire, comme on l'a déja vû, annonce des troubles que la réformation causeroit dans le Portugal. Ces troubles ne pouvoient naître de la part de la Nation Portugaise. La réformation des Jésuites ne déplaisoit, ni ne pouvoit déplaire à cette Nation. Elle avoit entendu publier la Bulle, & elle la voyoit exécuter, sinon sans plaisir, au moins sans regret & sans répugnance. Les Négotians de la Nation, & les Négotians étrangers qui sont établis à Lisbonne, ne pouvoient voir au contraire qu'avec joie, une réformation qui alloit ôter aux Jésuites ce vaste négoce, & ce trafic prodigieux qu'ils exerçoient au préjudice des autres Commerçans.

Les troubles qu'annonce le Général dans son Mémoire, devoient donc naître de la part des Jésuites eux-mêmes. Il les prévoyoit infailliblement s'il en avoit donné l'ordre, & s'il devoit le confirmer au cas que sa menace fût inutile. Or toutes les présomptions le persuadent. Elles sont fortifiées par le rapport des dates. Que quelqu'un soit menacé de mort par un ennemi, & qu'après avoir tenu peu de compte de sa menace, il soit poignardé peu de jours après par les enfans & les domestiques de cet ennemi même; pourroit-on douter que l'assassinat n'eût été dirigé par l'auteur de la menace, & n'en fût l'exécution ?

Si le Général ne faisoit que prévoir les troubles par sa sagacité, il étoit de son devoir de les empêcher, & d'employer toute son autorité pour réussir. Il l'auroit fait avec succès, & jamais les Jésuites de Portugal n'auroient été assez audacieux pour hasarder ce crime contre les défenses de leur premier supérieur. En supposant qu'ils en fussent capables, il étoit aisé d'y mettre obstacle, en avertissant le Roi de Portugal de la conspiration qui se tramoit contre lui. Peut-on douter que le Général de la Société ne dût faire passer cet avis au Prince, s'il n'y avoit pas d'autre moyen d'arrêter les entreprises des Jésuites de Lisbonne ? Il ne l'a pas fait. Par cela seul il seroit complice de l'attentat, s'il n'étoit plus naturel de l'en regarder, avec son conseil, comme le premier auteur, en vertu de l'annonce qu'on en lit dans son Mémoire. Un meurtre, je le répete, est évidemment imputable à celui qui en a menacé, & dont l'animosité a dû s'aigrir par le peu de cas qu'on a fait de sa menace.

La troiſieme circonſtance ajoute une nouvelle force aux deux précédentes. C'eſt la miſſion du P. Malagrida. Ce Jéſuite eſt Italien. Il a été envoyé d'Italie à Lisbonne pour y prédire la mort du Roi de Portugal, pour donner du poids à ſa prophétie par ſes auſtérités & par ſes prétendus exercices ſpirituels, pour former le complot de cette mort par la voie de la direction, pour enhardir les conjurés vacillans, en décidant, avec ſes confreres, qu'*il n'y avoit pas même de péché véniel* à tuer le Roi. De qui le P. Malagrida a-t-il reçu cette miſſion ſacrilége, ſinon de ſes ſupérieurs & du conſeil même de Rome? Croira-t-on que les Jéſuites Portugais l'aient attiré d'Italie, ou qu'il en ſoit lui-même parti pour jouer ce perſonnage, indépendamment & à l'inſû de ſes ſupérieurs majeurs?

· C'eſt donc le corps de la Société qui a conſpiré contre la vie de ce Prince. Les partiſans de cette Compagnie pourront-ils en douter, à la vûe de ces circonſtances réunies? En douteroient-ils, s'ils avoient été eux-mêmes l'objet d'un aſſaſſinat ſur lequel ils accumulaſſent contre elle de pareilles preuves? Non ſans doute. Les mêmes preuves réunies au ſujet de la conſpiration de Lisbonne, doivent donc opérer la même conviction, triompher de leurs préjugés, & leur faire regretter d'avoir ſi

tard connu, d'avoir estimé si long-tems, &
d'avoir même protégé une Société si per-
nicieuse. Pourroient-ils ne pas l'abandonner au sort qu'elle mérite ? Quel est l'hon-
nête homme qui ayant été lié d'estime &
d'amitié avec un scélérat hypocrite, qu'il
ne voit homme de bien, & dont à ce titre
il avoit pris la défense, ne rougisse de cette
liaison, quand il voit ce scélérat convaincu
de crimes atroces ; qui ne le désavoue &
ne l'abandonne, sur-tout lorsque le fruit de
sa protection seroit de le laisser en état d'ê-
tre encore le fléau de sa patrie ?

La société ne doit donc plus trouver de
protecteurs, maintenant qu'elle est connue
pour ce qu'elle est, & que sa turpitude est
pleinement dévoilée aux yeux de ceux
qu'elle avoit séduits ; comment pourroit-
elle éviter le châtiment qu'elle mérite & la
juste vangeance que réclament tant de sang
qu'elle a répandu, tant d'Eglises qu'elle a
désolées, tant de région; qu'elle a scanda-
lisées, tant d'innocens qu'elle a persécutés
& opprimés ?

Quand je parle de châtiment, je n'en-
tends pas sans doute que tous les membres
de la société soient exterminés. Le dernier
supplice ne peut-être appliqué qu'à ceux
qui ont été assez perdus pour avoir trempé
directement dans l'attentat. Mais laisseroit-
on échapper l'occasion actuelle de prendre,

à l'égard de la société entiere, quelque parti qui garantisse à jamais de ses entreprises ?

En vain se flatteroit-on que la confusion qui rejaillit sur elle de la conspiration de Lisbonne, fût capable de la convertir. Veut-on des preuves récentes qui montrent combien elle en est éloignée ? J'en trouve une premiere dans la lettre des trois Jésuites Portugais que cite la sentence du 12 Janvier. Ils n'y avouent pas expressément la part qu'ils ont eue à l'attentat ; on ne devoit pas s'y attendre : mais *ils donnent avis que tout le monde les y impliquoit, & prononçoit contr'eux des condamnations de prisons, de supplices, &c.* Ils ne se rassurent pas contre ces menaces, en desavouant qu'ils aient trempé dans ce crime. Auroient-ils manqué de faire ce desaveu, si effectivement ils y eussent été étrangers, ou s'ils avoient pu douter qu'on eût acquis des preuves à leur charge ? Ils disent au contraire, qu'ils ne pouvoient éviter ce qu'ils craignoient. Des innocens n'appréhendent point ainsi d'être convaincus & punis. En regardant ce malheur comme inévitable, les trois Jésuites avouent indirectement leur complicité. Mais en témoignent-ils le moindre repentir ? Voit-on en eux la confusion de pénitens qui rougissent de leur crime. N'y voit-on pas plûtôt l'abattement de criminels qui ne peuvent échapper aux peines qu'ils méritent ? Cette confusion salutaire qui fait les pénitens, est inconnue chez les Jésuites. Les Auteurs de la lettre disent encore, qu'*ils avoient un extrême besoin que leurs Peres de Rome les recommandassent à Dieu*. Mais ils ne disent ni n'insinuent que ce soit pour obtenir le pardon de leur forfait & la grace de l'expier. C'est uniquement pour échapper au supplice. De-là naît le désespoir qui accompagne cette priere, & qui leur fait ajouter ce qui a déja été cité, *qu'ils ne pouvoient éviter ce qu'ils craignoient*. Ils mandent enfin que *tous recouroient aux exercices du P. Malagrida*. Hommes également impies & insensés ! Ce P. Malagrida est, comme on l'a vû, celui-là même qui a joué le rôle le plus criminel dans cette affreuse conspiration, & ils le prennent pour leur modele, & pour leur intercesseur dans la désolation qui les accable. Peut-on fournir une preuve plus décisive d'endurcissement & d'impénitence ?

C'est à leurs Peres de Rome que les Jésuites de Lisbonne parlent ainsi. Ces derniers ne craignent donc point de trouver dans le Conseil de la société, à qui sans doute la Lettre étoit adressée, des Supérieurs irrités, qui les désavouent & les abandonnent. Ils savent qu'ils y trouvent des Supérieurs animés du même esprit que le leur. Des Supérieurs dont ils n'ont fait que fuivre les ordres ; (Oferoient-ils fans cela leur écrire avec cette confiance?) des Supérieurs enfin auffi éloignés qu'eux de concevoir d'autre repentir que celui d'avoir manqué leur coup.

La feconde preuve de l'obftination inflexible de la focieté dans le mal, eft l'ordre donné, dit-on, par fon Général à toutes les Maifons de la Compagnie, d'y faire des prieres & d'implorer l'affiftance divine, *contra perfecutores focietatis*. Cet ordre eft annoncé dans la Gazette d'Hollande du 13 février article de Rome, en date du 24 Janvier précédent. Si ce fait eft vrai, le Roi de Portugal eft donc un perfécuteur aux yeux de la focieté. Des hommes tels que les P. Malagrida, Jean de Matos, Jean Alexandre, &c. convaincus d'avoir été, avec le Duc d'Aveiro, les chefs de la confpiration, font, malgré cette conviction, des innocens qu'on opprime & même des Martyrs. C'eft perfécuter la fociété, que de tenir en prifon & de deftiner peut-être au fuplice de pareils hommes. C'eft la perfécuter, que de vouloir délivrer le Portugal d'une compagnie qui, toute entiere, a pris part à cette confpiration, par les fuggeftions directes d'une partie de fes membres, & par l'influence indirecte des autres. Au rang de ces perfécuteurs fe trouvera le Pape lui-même, pour n'avoir pas révoqué la Bulle de réformation.

Mais quels vœux formera la société réu-
nie, pour implorer l'assistance Divine contre ses persécuteurs prétendus. Ses prieres
doivent naturellement s'accorder avec sa
doctrine & sa conduite. Quand donc on la
voit enseigner dogmatiquement par ses
Théologiens, que le meurtre est permis en
une infinité de cas; étendre cette légitimité
jusqu'au meurtre des Rois; autoriser des
Religieux même à tremper la main dans le
sang de ceux qui blessent l'honneur de leur
corps, fut-ce des accusations vraies; mais
deshonorantes : quand on la voit ensuite
attenter de tous côtés à la vie de ceux qui
l'offensent ; que peut-on penser de ses
prieres, sinon qu'elles tendront à rendre
Dieu même complice de sa passion, & à
armer sa puissance, afin qu'il extermine par
des miracles ceux que cette société, malgré
tous ses complots & ses efforts, n'a pu faire
périr elle-même par le feu, par le fer &
par le poison ?

Quelque assortie que soit au génie des
Jésuites cette indication de prieres, elle est
néanmoins si étrange dans la conjoncture
présente, que je regarderois ce qu'on en
lit dans les Gazettes comme hasardé, si je
ne savois par un témoin oculaire, que tout
récemment un Jésuite, Prédicateur à Madrid, a retenu son Auditoire à la fin de son
sermon, & lui a fait réciter un *Pater* & un

Ave, pour obtenir de Dieu la ceſſation de la *perſécution* que ſes Confreres éprouvoient en Portugal. Ce trait me paroiſſoit plus qu'imprudent ; mais il m'a rendu très-croyable l'ordre donné, ſelon les Gazettes, par le P. Général. *

Au lieu de ces prieres qu'indique le Gé-néral des Jéſuites, il eût été bien plus dans l'ordre, qu'il eût preſcrit par-tout des jeû-nes & des ſupplications, & qu'il eût exhorté toute la ſociété aux larmes & à la péniten-ce, pour expier le forfait des Peres de Liſ-bonne. S. Paul en uſa ainſi à l'égard de l'E-gliſe de Corinthe, pour le crime d'un ſeul inceſtueux. Il vouloit que tous les Fideles en partageaſſent la confuſion. Mais la ſo-ciété ne ſait ce que c'eſt que de rougir. Elle reſſemble parfaitement à cette femme adultere, dont parle l'Ecriture, qui, après les deſordres les plus honteux, *s'eſſuie la bouche & dit* impudemment : *Je n'ai point fait de mal.* C'eſt avec la même impudence que le Général des Jéſuites, inſenſible au crime en lui-même, ne penſe à implorer l'aſſiſtance Divine, que contre ceux qui en pourſuivent la juſte vangeance, & oſe les qualifier de *perſécuteurs de la ſociété.* Que diroit-on d'une compagnie de voleurs & d'aſſaſſins, dont les chefs, voyant quel-ques-uns de ſes ſubalternes tombés entre

---

* Il eſt conſtant que les Jéſuites du Collége de **Paris** ont fait faire ces prieres par leurs Penſionnaires.

les mains de la Juſtice, traiteroient ces Of-
ficiers de *perſécuteurs*, & inviteroit ſa compagnie à implorer contr'eux, à ce titre, l'aſſiſtance Divine? Tel, & plus indigne encore, eſt le perſonnage du P. Général.

Qu'on remarque en paſſant que, par les
termes dont ſe ſert le Chef de la ſociété en
indiquant ces prieres, il ſe déclare pour les
coupables de Lisbonne, bien loin de les
deſavouer. Il nous annonce même d'avan-
ce, que la compagnie les placera un jour
au nombre de ſes ſaints. N'eſt-ce pas dire
hautement que leur crime n'en eſt pas un,
& qu'elle reconnoît leur attentat pour ſon
ouvrage?

On ne doit donc pas ſe flatter que la ſociété rougiſſe de ce forfait, ni par conſé-
quent eſpérer qu'elle ſe convertiſſe. Que
reſte-til donc à faire, ſinon de prendre à
ſon égard des meſures efficaces pour arrêter
le cours de ſes attentats?

Le choix de ces meſures n'appartient
ſans doute qu'au Conſeil des Princes, &
ceux qui y entrent, n'ont pas beſoin qu'on
leur donne des leçons. Si la voie de la Nation doit être écoutée en cette matiere, je
ne crains point de dire qu'elle demande la
ſuppreſſion de la ſociété. Celui qui en dou-
teroit, n'a qu'à conſidérer l'empreſſement
avec lequel ſont acceuillis les Ecrits qui dé-
voilent les excès de cette compagnie. D'où
naît cet empreſſement, ſinon de la con-

viction générale où l'on est de son incura-
ble perverſité, jointe au regret que l'on a
du crédit qu'elle conſerve encore auprès
des Grands? L'événement de Lisbonne
n'intéreſſe tant le public, que parce qu'il
n'en fut jamais de plus propre à faire per-
dre aux Jéſuites tout ce qui leur reſtoit de
partiſans, & à faire ſentir aux plus prévenus de ceux-ci, la nécéſſité d'anéantir un
corps ſi pernicieux. Tout le monde attend
ſa ſuppreſſion, ſoit de la ſageſſe de Clément XIII & de ſon amour pour l'Egliſe;
ſoit de la juſtice des Princes, & de leur attention au bonheur de leurs Etats; ſoit du
zèle des Magiſtrats dépoſitaires de leur autorité, & gardiens des loix. Les peuples
déſiroient depuis long-temps d'être déli-
vrés de ces peſtes publiques. Indépendamment de mille autres motifs, ils le déſirent
aujourd'hui plus que jamais, par zèle &
par ſollicitude en faveur de leurs Souverains, pour qui il ſemble qu'il n'y ait point
de milieu entre s'aſſervir aux caprices & à
l'ambition des Jéſuites, ou voir leurs Têtes
ſacrées expoſées tous les jours aux attentats
de cette audacieuſe & incorrigible Société. *

* *Nota* Dans l'abregé chronologique de Mézerai
ſur S. Louis, on lit les faits ſuivans: « Le Vieux de
» la Montagne, ainſi nommoit-on le Prince des
» Aſſaſſins, peuple qui occupoit le canton montueux

» de la Syrie, avoit dépêché deux de ses meurtriers
» en France pour tuer le Roi : mais peu après, je ne
» sais par quel motifs, il s'en repentit, & les contre-
» manda par d'autres ; qui en attendant qu'ils les
» eussent trouvés, avertirent le Roi de se prendre
» garde. Ce Vieux de la Montagne nourrissoit quan-
» tité de jeunes garçons dans des palais délicieux, &
» l'espérance d'une éternelle félicité en l'autre mon-
» de, s'ils obéissoient aveuglément à ses comman-
» demens ; dont, pour les rendre plus capables &
» plus propres à exécuter des assassinats par tous pays,
» il leur faisoit apprendre toutes sortes de langues. „

Voilà ce que rapporte cet historien, & voici la conséquence que j'en tire. Si un seul fanatique, du coin de la terre qu'il occupoit, faisoit trembler tous les Souverains, sur qui il s'arrogeoit le droit de vie & de mort, comme l'ayant reçu de Dieu ; si ce méchant homme avoit assez de pouvoir sur l'esprit des jeunes gens qu'il nourrissoit dans les délices, & qu'il dressoit à la science diabolique des meurtres, pour leur persuader d'exécuter aveuglément ses ordres sanguinaires, par l'espoir qu'il leur donnoit d'une éternelle félicité dans l'autre monde ; combien les Princes ont-ils plus à craindre d'une Société de trente mille hommes répandus par toute la terre, mêlés dans tous leurs Etats & sous toute sorte de formes, qui par une tradition presque aussi ancienne que leur établissement, enseignent, soit dans des livres de Théologie, soit par la voie des leçons publiques, qu'en certains cas c'est une action non seulement permise en conscience, mais louable, & méritoire du Ciel, d'ôter la vie à son maître, à son supérieur, à son pere & même à son Roi ; & qui ont été plusieurs fois convaincus d'avoir conseillé & mis en pratique cette exécrable maxime ? Combien plus les Souverains doivent-ils craindre une Société, qui par habitude comme par esprit de corps, abuse de ce qu'il y a de plus saint dans la Religion, du ministere de la parole, de la direction des consciences & de l'éducation de la jeunesse, pour inspirer leur détestable doctrine aux hommes, & pour les faire entrer dans leurs passions & leurs pernicieux desseins ? Combien plus doivent-ils craindre une Societé, qui quelquefois, selon les cas, les circonstances & les pays, accorde à la nécessité des désaveux & des rétractation frauduleuses, sans changer pour cela de sentiment ; qui le plus souvent loin d'abandonner ses membres coupables, fait de leur cause sa propre cause, & qui pour émouvoir les peuples, donne le nom de persécution au juste châtiment de leurs crimes, & indique des prieres publiques pour faire cesser cette persécution ? Combien plus doivent-ils craindre une Société, qui par les principes de sa propre constitution est ennemie des loix, & du corps de la Magistrature, qui en a le dépôt & la manutention ? Combien plus doivent-ils craindre une Société, qui infecte leurs Sujets de tout âge, de tout état & de toute condition, du poison d'une morale corrompue, dont l'effet est le renversement des mœurs, de l'ordre & de la tranquillité publique ? Combien plus doivent-ils craindre une Société, dont l'esprit est de faire tout céder à ses passions, & qui ne connoît d'autre regle & d'autre devoir que son intérêt propre & son faux honneur ? Enfin combien plus doivent-ils redouter une Société, dont tous les membres font profession d'être tellement soûmis à un chef absolu, que nul dans toute l'étendue du corps, ne remue ni le pied, ni la main que par son commandement, & que tous sont aveuglément à sa disposition, comme un bâton servile, dont il fait arbitrairement l'usage qu'il lui plaît, *ut scipio* ; c'est l'expression familiere dans la Société, & je ne sais même si elle n'est pas de ses statuts. De sorte que pour se former une juste idée du Général de cette Société, il faut le considérer, par sa place & par l'esprit de sa Compagnie, comme un Vieux de la Montagne réſidant à Rome, qui a des yeux & des oreilles en tout pays, des ſubſtituts qui l'avertiſſant & lui rendant compte de tout, reçoivent ſes ordres ſur tout. *Et nunc, Reges, intelligite; erudimini, qui judicatis terram.* Maintenant donc, ô Rois, devenez ſages ; inſtruiſez-vous, Juges de la Terre. Et accompliſſez, pour le bien de l'Egliſe, pour le repos de vos peuples, pour la ſûreté de votre Couronne & de votre propre vie, l'œuvre que Dieu demande de vous aujourd'hui plus que jamais.

F I N.

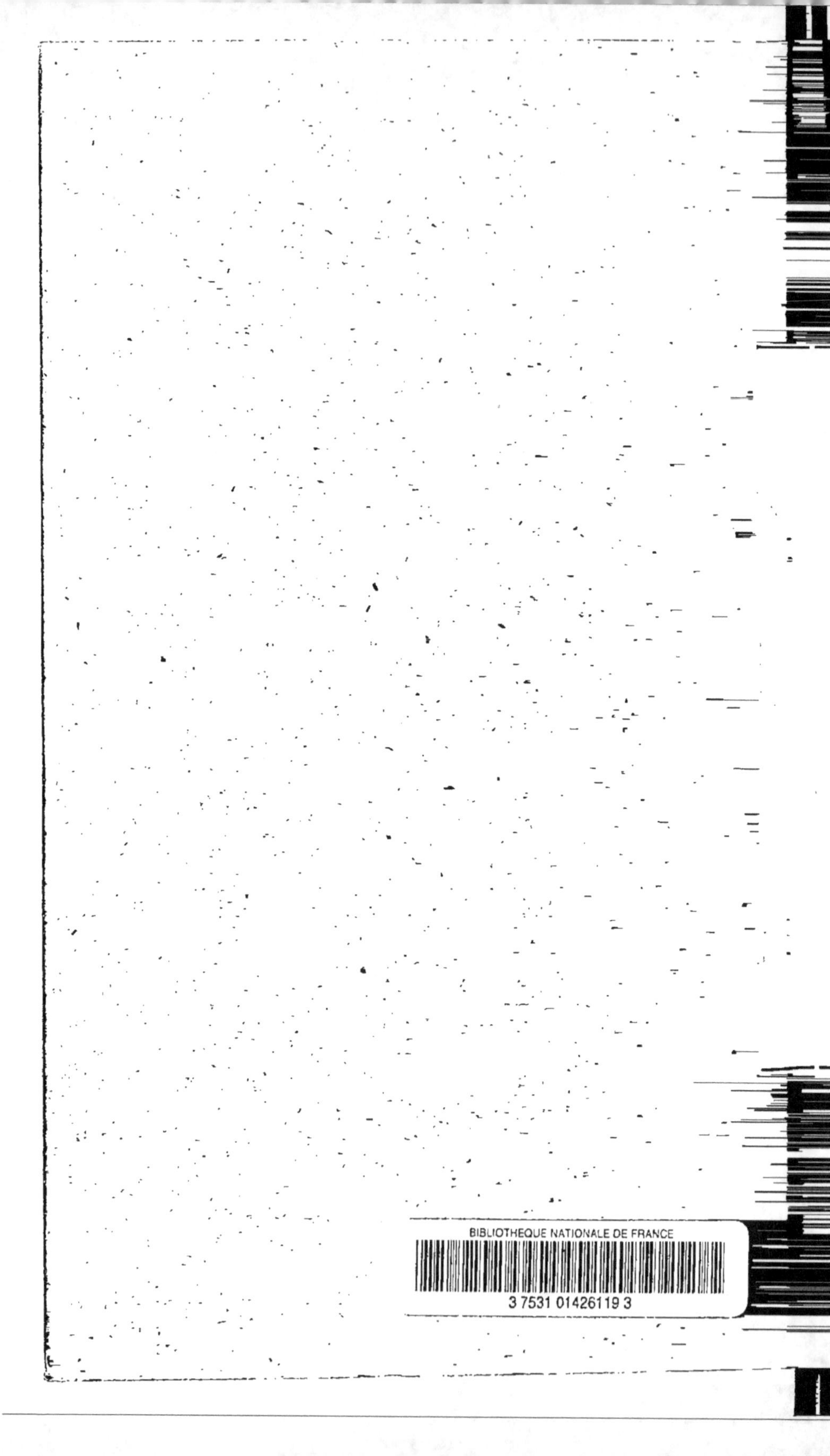
BIBLIOTHEQUE NATIONALE DE FRANCE
3 7531 01426119 3